La petite philo de Mafalda

Ainsi va le Monde !

Quino

p'titGlénat

POURQUOI NE PAS S'ATTAQUER SÉRIEUSEMENT CETTE ANNÉE À LA CONSTRUCTION SI SOUVENT DIFFÉRÉE D'UN MONDE MEILLEUR ?

UN DÉBILE AURAIT-IL ÉGARÉ LES PLANS ?

LA BONTÉ, ÇA NE RENTRE PAS DANS LE VOCABULAIRE POLITIQUE...

PARTOUT DANS LE MONDE, LA LOI DES COMPENSATIONS A TOUJOURS BIEN FONCTIONNÉ : CELUI QUI HAUSSE LE TON, ON LUI RABAISSE SON CAQUET.

MESSIEURS, LE PROBLÈME N'EST PAS DE CASSER LES STRUCTURES, MAIS DE SAVOIR CE QU'ON FAIT DES MORCEAUX !

ET MOI JE DIS, PUISQUE C'EST SI COMPLIQUÉ DE CHANGER LES STRUCTURES, ON NE POURRAIT PAS AU MOINS DONNER UN PETIT COUP DE PEINTURE ? MÊME PAS ÇA ?

SANS LES HOMMES POLITIQUES, LES HOMMES POLITIQUES NE VIVRAIENT PAS.
ILS S'ALLIENT, ILS SE BATTENT, ILS SE SÉPARENT, ILS SE RETROUVENT...
SI C'EST PAS DE L'AMOUR, QU'EST-CE QUE C'EST ?

ERRARE POLITICUM
EST.

TU AS EU RAISON DE NOUS FAÇONNER DANS DE LA BOUE, MAIS POURQUOI NE NOUS SORS-TU PAS UN PEU DU MARÉCAGE?

ALORS, JE TE FAIS UNE PROPOSITION : JUSQU'À CE QUE LE MONDE S'ARRANGE, TU NE FAIS PLUS DE SOUPE...

IL NE FAUDRAIT PAS QU'À FORCE DE CHERCHER DES ISSUES, ON SE RETROUVE SANS ENTRÉE!

PEUT-ÊTRE QUE LA CAUSE DE TOUT ÇA, C'EST LE CHARISME DES MODÈLES CONJONCTURELS ?

FAITES QUE JAMAIS, JAMAIS, NOUS NE SOYONS LE JAMBON DU SANDWICH INTERNATIONAL.

EH ! LE PAYS EST LÀ QUI ATTEND ! JE LUI DIS DE S'ASSEOIR OU QUOI ?

IL SUFFIT D'UNE SECONDE D'INATTENTION, ET C'EN EST FINI DE LA POÉSIE DE L'ENFANCE...

SI ON FAISAIT UN PETIT EFFORT ET QU'ON LE FASSE, CE PROGRÈS ?

ON DIRAIT LE TAXI
OÙ VOYAGE LA
DÉMOCRATIE !

IL EST DOMMAGE QUE LES THÉORIES ÉCONOMIQUES N'INCLUENT JAMAIS LE CALCUL DE CE QU'ON DOIT PAYER À D'AUTRES ÉCONOMISTES POUR QU'ILS VIENNENT NOUS EXPLIQUER THÉORIQUEMENT POURQUOI NOUS NE FAISONS PAS D'ÉCONOMIES...

IL EST DRÔLE CE CHEWING-GUM, SI ON N'A PAS LA MAUVAISE IDÉE DE LE COMPARER À NOS ILLUSIONS !

TRÈS SAINS, CES NOUVEAUX VENTS QUI SE SONT LEVÉS! DOMMAGE QU'IL Y AIT CETTE MAUDITE ODEUR DE NAPHTALINE!

PEUT-ÊTRE BIEN QU'EN CE MONDE IL Y A DE PLUS EN PLUS DE GENS ET DE MOINS EN MOINS DE PERSONNES ?

MIEUX VAUT VIVRE DANS UN PAYS INFLUENT QUE DANS UN PAYS SOUS INFLUENCE.

MAINTENANT QU'IL Y A UNE LUEUR D'ESPÉRANCE, IL NE FAUDRAIT PAS QU'UN CRÉTIN AIT L'IDÉE DE NOUS PIQUER LES PILES.

JE VOIS D'ICI LES SOURDS FOMENTANT DES COUPS D'ÉTAT POUR DÉFENDRE LA LIBERTÉ, LA PAIX, LA JUSTICE, LA...

NOUS CROYONS TOUS EN NOTRE PAYS,
MAIS CE QU'ON NE SAIT PAS, C'EST SI,
PAR LES TEMPS QUI COURENT,
LE PAYS CROIT EN NOUS.

CE QU'IL Y A DE TRISTE AVEC LES MOYENS DE COMMUNICATION DE MASSE, C'EST QU'ILS NE NOUS LAISSENT PLUS LE TEMPS DE COMMUNIQUER AVEC NOUS-MÊMES.

NOUS AVONS UNE MONNAIE SAINE, QUI NE FUME PAS, QUI NE BOIT PAS...

PAR SUITE DE DÉCEPTION, VENDS FANATISME POLITIQUE POPULAIRE TENDANCE... FAIRE OFFRES AU 729-61.

ENFIN TOUT MARCHE DROIT !

Dans la même collection

- Ainsi va le monde !
- Comment va la planète ?
- La guerre et la paix
- L'injustice

À paraître

- Un air de famille
- Amis pour la vie !
- À la soupe !
- Bienvenue à l'école !

www.ptitglenat.com
www.quino.com.ar

Conception éditoriale : Ivan Giovannucci

Couvent Sainte-Cécile, 37 rue Servan, 38000 Grenoble.
Traduction de l'espagnol : Anne-Marie & Jacques Meunier
Traduction de l'italien : Marie-Pierre Muller
Dépôt légal : janvier 2014
ISBN : 978-2-7234-9998-9
Achevé d'imprimer en France en janvier 2014 par Pollina – L66768,
sur papier provenant de forêts gérées de manière durable.

Certifié PEFC
Ce produit est issu de forêts gérées durablement et de sources contrôlées.
PEFC 10-31-2065
pefc-france.org